D1088156

La triste historia de Verónica

The Sad Story of Veronica

David McKee

Para Nicholas.

Título original:
The Sad Story of Veronica, Who Played the Violin

© David McKee, 1987
Publicado en Gran Bretaña, en 1987, por Andersen Press Ltd.
© De la adaptación del texto original: Grupo Anaya S.A., 2005
© De la traducción: Gonzalo García, 2005
© De esta edición: Grupo Anaya, S.A., 2005
Juan Ignacio Luca de Tena, 15. 28027 Madrid
www.anayainfantilyjuvenil.com
e-mail: anayainfantilyjuvenil@anaya.es

Primera edición, octubre 2005

ISBN: 84-667-4740-0
Depósito legal: S. 1.336/2005

Impreso en Gráficas Varona
Polígono El Montalvo, parcela 49
Salamanca
Impreso en España - Printed in Spain

Reservados todos los derechos. El contenido de esta
obra está protegido por la Ley, que establece
penas de prisión y/o multas, además de las correspondientes
indemnizaciones por daños y perjuicios,
para quienes reprodujeren, plagiaren, distribuyeren
o comunicaren públicamente, en todo o en parte,
una obra literaria, artística o científica, o su transformación,
interpretación o ejecución artística fijada en cualquier
tipo de soporte o comunicada a través de cualquier medio,
sin la preceptiva autorización.

La triste historia de Verónica

The Sad Story of Veronica

David McKee

JUV/E Sp FIC MCKEE
McKee, David.
La Triste historia de
 Ver´onica = The sad story

ANAYA

ENGLISH

Verónica tocaba el violín. Al principio no era muy buena. En realidad, era malísima. Su primer profesor se despidió y se fue a la China.

Veronica played the violin. At first she wasn't very good. In fact, she was awful. Her first teacher said goodbye and went to China.

R03223 16404

NORTH AUS...
5724 W. NORTH AVE.
CHICAGO, IL 60639

Su segunda profesora, la señora Lionni, estaba sorda.
La señora Lionni leía historias tristes y decía:
—Muy bien, querida, lo único que necesitas es practicar mucho.

Her second teacher, Mrs. Lionni, was deaf.
Mrs. Lionni read sad stories and said,
«Very nice, dear, you just need to practise a lot».

Verónica practicaba mucho porque se había empeñado
en aprender. Era terrible para los vecinos.
—¡Se ha empeñado en hacerlo! —se lamentaban.

Veronica practised a lot because she was determined.
It was terrible for the neighbours.
«She is determined», they moaned.

La práctica hacía mejorar a Verónica, así que se pasaba el tiempo ensayando.

–Va a mejor –gemían los vecinos–. ¡Pero se pasa el tiempo ensayando!

The practice made Veronica play better, so she practised all the time.

«She is getting better», the neighbours wailed, «but she practises all the time».

Cuando se acercaba su siguiente cumpleaños, Verónica sabía tocar realmente bien. Para el cumpleaños, la familia entera se fue a comer al campo.

By the time her next birthday came, Veronica could play really beautifully. For her birthday, the whole family went on a picnic.

Después del té, Verónica tocó el violín. Fue su primer concierto. La música que interpretó era tan hermosa, que todos mojaron de lágrimas sus refrescos.

After tea, Veronica played the violin. It was her first concert. The music she played was so beautiful that everyone cried into their fizzy drinks.

No mucho después, el director de la escuela de Verónica
le preguntó por qué no hacía nunca los deberes.
–Tengo que ensayar con el violín –dijo Verónica,
y se lo enseñó.

Not long after that, Veronica's headmaster asked her why she
never did any homework.
«I have to practise the violin», said Veronica,
and showed him.

–¡Qué deliciosamente triste! –dijo el director–. Tienes que tocar en el concierto de la escuela.

Verónica tocó. Ese fue su segundo concierto.

«How beautifully sad», said the headmaster. «You must play at the school concert».

Veronica played. That was her second concert.

En el concierto había un famoso empresario musical.
Al día siguiente la persiguió, desde la escuela,
gritando que la haría rica y famosa.

At the concert was a famous music man.
The next day he chased Veronica from school shouting that
he would make her rich and famous.

Verónica dejó el colegio para convertirse en una estrella.

Pronto sus discos sonaban en todas partes.

Parecía capaz de hacer llorar al mundo entero.

Veronica left school to become a star.

Soon her records were played everywhere.

It seemed as if she could make the whole world cry.

El concierto de más éxito de Verónica terminó
con una inundación. De hecho, cayó una tormenta a esa hora,
pero todos creyeron que fue la música de Verónica, que les
hizo llorar.

Veronica's most successful concert ended
with a flood. In fact there was a storm at the time
but everybody thought it was Veronica's music that
made everybody cry.

Un día, Verónica dijo:

–Ya basta. No hago nada más que tocar el violín. ¡Quiero aventuras! Me voy a lo más profundo y más oscuro de la selva.

–Oh, no, ¡por favor, no! –sollozaban los empresarios.

Then one day Veronica said,
«Enough. All I do is play the violin. I want
adventure. I'm going to the deepest, darkest jungle».
«Oh, no, please, no», sobbed the music men.

Su madre también lloraba.

–¡Los animales te van a comer! –decía llorando.

–No te preocupes. Mi violín puede amansar a la más feroz de las fieras –respondió Verónica, sonriendo.

Her mother cried too.

«The animals are going to eat you», she cried.

«Don't worry. My violin can calm the fiercest beast», smiled Veronica.

Aquella tarde se fue a la reserva animal, para demostrarlo.

Como era famosa, los guardias le dejaron probar.

Para su sorpresa, los leones no hicieron más que tumbarse y llorar.

That afternoon she went to the safari park to prove it.

Because she was famous the guards let her try.

To their amazement, the lions just lay down and cried.

Verónica había demostrado que tenía razón y al día siguiente
sus padres la llevaron en coche al barco.
Se sentían muy tristes mientras le decían adiós con la mano.

Veronica had proved her point and the following day
her parents drove her to the ship.
They felt very sad as they waved her goodbye.

A Verónica le pareció un viaje estupendo y por la noche interpretó una música deliciosamente triste para la Luna. Las bombas del barco tuvieron que estar en marcha todo el tiempo.

Veronica thought the voyage wonderful and at night she played beautifully sad music to the moon.
The ship's pumps had to be kept going all the time.

Cuando el barco atracó, los hombres de uniforme le dijeron:
–No puedes ir a la selva tú sola, los animales son muy peligrosos.
–Vale –dijo Verónica.

When the ship landed, the men in uniform told Veronica, «You can't go into the jungle alone, the animals are very dangerous».
«Okay», said Veronica.

Durante varios días, Verónica y los cazadores intrépidos caminaron por la jungla.

—Pues no es tan emocionante... —pensó Verónica.

No tocó el violín ni una sola vez.

For days Veronica and the fearless hunters marched through the jungle.

«Not so very exciting», thought Veronica.

She never once played her violin.

Y entonces, una tarde, mientras atravesaban un claro, aparecieron al mismo tiempo un tigre, un leopardo y un león. Los intrépidos cazadores salieron corriendo sin pensárselo dos veces y dejaron a Verónica sola.

Then one afternoon, as they crossed a clearing,
a tiger, a leopard and a lion appeared at the same time.
At once the fearless hunters ran away, leaving Veronica alone.

Verónica no estaba asustada. Sacó su violín y empezó
a tocar. Los animales se detuvieron y escucharon,
pero sin llorar.

Veronica wasn't frightened. She took out her violin
and began to play. The animals stopped and listened
but they didn't cry.

Después de unos cuantos días sin tocar, la música sonaba distinta. Seguía siendo hermosa, pero ahora era alegre. Los animales empezaron a bailar y otros animales llegaron y se les unieron.

After days of not playing, the music sounded different.
It was still beautiful, but now it was happy.
The animals began to dance and other animals arrived
and joined in.

Pronto el claro estaba lleno de animales danzarines. «¡Fenomenal!», pensó Verónica. «Ya basta de todo aquel llanto. Cuando vuelva, las calles estarán llenas de gente que bailará feliz».

Soon the clearing was full of dancing animals. «Great», thought Veronica. «Enough of all that crying. When I get back, the streets will be full of happy, dancing people».

En ese instante un viejo león saltó desde la selva.

De un solo mordisco gigante se zampó a Verónica.

Ella ni siquiera llegó a saber qué había pasado.

At that moment, an old lion jumped out of the jungle.

With one giant bite, he ate Veronica.

She never even knew what had happened.

«¿¡Qué has hecho!? –gritaron los animales–. Era la música más hermosa que habíamos oído jamás». El viejo león se puso una pata detrás de la oreja y preguntó: «¿QUÉ?». Y esto explica por qué las calles no están llenas de gente que baila feliz.

«What have you done?» cried the animals. «That was the most beautiful music we've ever heard». The old lion put his paw behind his ear and said, «WHAT?». And this explains why the streets aren't full of happy, dancing people.

Otros títulos publicados en esta colección:

Odio a mi osito de peluche
I Hate My Teddy Bear

David McKee

Martes terrible
Terrible Tuesday

Hazel Townson · Tony Ross

La culpa es de Óscar
Oscar Gets the Blame

Tony Ross

Ahora no, Bernardo
Not Now, Bernard

David McKee

Nica
Nicky

Tony y Zoë Ross